L'ENTRÉE DE L'OASIS

LE TRANSSAHARIEN

I

L'avenir de la colonisation africaine dépend directement de la question des chemins de fer. Au point de vue politique et matériel autant qu'au point de vue économique, ce sont les voies de communication qui résoudront les problèmes vitaux dans cette partie du monde que se disputent les ambitions territoriales, les spéculations commerciales, les appétits de puissance ou de lucre. L'œuvre humanitaire et civilisatrice — mobile ou prétexte des entreprises gouvernementales ou financières qui travailleront forcément pour elle dans une mesure plus ou moins large, — n'y acquerra toute sa signification que lorsque les échanges d'idées ou de produits s'y effectueront comme ailleurs sur le globe, en Europe, en Amérique, en Australie, par le rapprochement des distances et par les facilités des relations. Grâce à ce moyen de progrès matériel et moral mis au service des expansions françaises, anglaises et allemandes, appelées à se partager l'Afrique, la transformation de ce continent s'opérera suivant le cours logique et certain des lois sociales et il est évident que ceux qui d'avance se seront assuré à cet égard le plus d'avantages réels et pratiques en retireront les bénéfices les plus considérables.

Soleillet, lors de son infructueuse exploration à In-Çalah, avait, paraît-il, eu le premier la pensée d'ouvrir à la France et à l'Algérie « une route de commerce sûre vers les opulentes et populeuses contrées du Soudan, en préconisant l'établissement d'une voie ferrée à travers le désert » (1). Mais ce n'était qu'une idée et l'intrépide explorateur n'y donna pas suite. Vers 1875 un ingénieur français, M. A. Duponchel, se fit à son tour le champion du Transsaharien. Son plan était des plus simple. « Partant, dit-il (2), d'un point quelconque de l'Algérie à la tête d'un corps expéditionnaire de quelques milliers d'hommes, ouvriers de divers états, enrégimentés chacun dans sa spécialité, ravitaillé chaque jour par un ou deux trains m'apportant du littoral le matériel de construction et les vivres au besoin, je marchais résolument vers le sud, posant la voie de fer à mesure, explorant en avant le pays que je soumettais à l'arrière; en trois ou quatre ans au plus j'atteignais le coude de Niger, point de bifurcation à partir duquel je divisais mon petit corps d'armée en deux colonnes distinctes, dont l'une se dirigeait à l'ouest vers le Sénégal et la Guinée, tandis que l'autre continuait sa marche centrale vers le sud, traversant en écharpe les deux royaumes à demi-civilisés du Haoussa et du Bournou, atteignant la pointe extrême du lac Tchad, d'où, en remontant le Chari, je gagnais la vallée du Congo qui me conduisait graduellement sur le plateau du faîte des grands lacs où je me retrouvais en contact avec des peuples civilisés, des frères de race, des amis, des alliés au besoin, les Boers, Hollandais ou calvinistes d'origine, et les colons portugais de Zambèze qui nous auraient fait un sympathique accueil et qui, très certainement, auraient joint leurs forces aux nôtres le jour qu'il aurait fallu marcher vers le Cap, pour en expulser les Anglais et compléter l'œuvre de la rédemption africaine. Tout cela pouvait s'accomplir sans rencontrer le moindre obstacle, sans que personne songeât à s'opposer à notre marche ou fût en position de l'entraver sérieusement. Nous pouvions aller droit au but, n'ayant affaire sur tout le parcours qu'à des peuplades indigènes plus ou moins voisines de l'état de barbarie, mais incapables de la moindre résistance, dont il eût été pour moi d'une sage politique de gagner l'affection par nos bons procédés et par lesquelles, en tous cas, il eût été facile de faire respecter notre autorité. »

M. Duponchel développa cette théorie à l'occasion du Congrès international de géographie qui eut lieu aux Tuileries. On lui fit beaucoup d'objections. Les uns parlèrent de la température, les autres du manque d'eau, ceux-ci de la mobilité du sol, ceux-là de l'hostilité des populations. Cependant, le gouvernement consentit à nommer une commission officielle pour étudier le projet en 1876, et deux missions partirent à cet effet; la première fut confiée à un ingénieur de mines, assisté de MM. Chastenard et Bailli : elle prit pour point de départ Mécheria dans la province d'Oran et se dirigea vers l'ouest; mais arrivée à Tiout, elle ne put aller plus loin, les tribus marocaines lui barrant le chemin.

L'autre mission, sous la conduite d'un ingénieur des ponts-et-chaussées M. Choisy, s'occupa du tracé à l'est, compara les deux itinéraires de Laghouat à El-Goléa et de Biskra à Ouargla, et donna la préférence au second.

En 1879, M. de Freycinet, qui était alors ministre des travaux publics, avait chargé le lieutenant-colonel Flatters de faire une exploration avec une escorte indigène pour rechercher les conditions les plus avantageuses de l'établissement du chemin de fer devant aboutir dans le Soudan entre

(1) Lanier. L'*Afrique*, (Belin frères).
(2) *Revue scientifique*. 5 août 1899.

le Niger et le lac Tchad. « Il devait se mettre en relation avec les chefs Touareg, tâcher d'obtenir et conserver à l'expédition un caractère essentiellement pacifique. » La mission, partie d'Ouargla, ne put arriver qu'à 120 kilomètres de Ghât et après avoir vainement essayé de s'entendre avec les chefs Touareg, elle revint au bout de trois ans et demi, rapportant de précieuses données pour une seconde campagne. Malheureusement, celle-ci, entreprise au mois d'octobre 1880, fut fatale aux explora-

TROUBAD L'APICULTEUR

Explorateur de la Tripolitaine — Officier de l'ordre beylical de Tunisie

teurs : le colonel Flatters périt avec la plus grande partie de ses compagnons.

II

Le Transsaharien subit les conséquences de ce désastre. Plusieurs années s'écoulèrent sans que le public accordât la moindre attention aux projets étudiés. En 1889 et 1890 les brillantes discussions soulevées par MM. G. Rolland et Ed. Blanc à la Société de Géographie de Paris, remirent la question sur le tapis. Une société d'études fut organisée et M. Gaston Méry partit en 1892 pour explorer au sud de l'Ouargla le pays des Touareg-Azdjers sous le rapport géographique et commercial. Il prit la route de Touggourt, visita la région rocheuse des *gours* qu'avait déjà traversée la première mission Flatters, s'engagea dans les *gasis*, à l'ouest de la vallée de l'Igharghar, dépassa Tiu-Sig, point extrême atteint par la seconde mission Flatters, et ne pouvant décider son guide Chaamba à pousser plus loin, revint après avoir parcouru à l'aller et au retour 1525 kilomètres.

A la même époque deux autres explorateurs, MM. Fernand Foureau et Bernard d'Attanoux, essayèrent sans résultat décisif de pénétrer chez les Touareg. Il paraissait alors impossible de franchir les obstacles élevés par ces pirates du désert. La prise de Tombouctou donna un démenti à ces suppositions.

D'autres événements vinrent démontrer que les Touareg n'étaient pas invincibles et que l'on pouvait même se concilier leur alliance.

Pendant que la France se trouvait arrêtée par les difficultés matérielles de la construction du chemin de fer transsaharien, les Anglais bravaient des obstacles en apparence plus insurmontables. Cecil Rhodes partait du Cap et se mettait en marche vers le nord sans autre objectif que de rejoindre la Méditerranée. Sa prodigieuse conception se réalisa d'étape en étape. L'achèvement de son dessein n'est plus maintenant qu'une question de temps : notre recul à Fachoda et la convention du 21 mai 1899 lui laissent la voie libre et la lui aplanissent.

Les Anglais arrivaient donc au but ou s'en rapprochaient sûrement. Cette leçon aurait dû, ce semble, nous servir, d'autant plus qu'elle avait été précédée de plusieurs autres : la main mise par l'Angleterre sur l'Egypte, notre renoncement forcé à nos vues sur les régions de la Benoué, du Bas-Niger, du Soudan central, du Haoussa et du Bournou. On pouvait espérer qu'en France les esprits capables de juger les faits allaient s'unir pour opposer au chemin de fer africain-anglais une entreprise française fournissant un débouché nécessaire à nos produits commerciaux en même temps qu'un lien à l'Algérie et au Sénégal.

III

Or, non seulement cette entente n'existe pas, mais les tracés du Transsaharien se multiplient à l'infini, chacun d'eux ayant ses partisans intéressés et ceux-ci comptant sur leurs influences respectives pour faire prévaloir leurs combinaisons sur toutes les autres. Tracé occidental, tracé central, tracé oriental, autant de rivalités qui s'appliquent à mettre en relief les inconvénients du projet contraire au leur; autant de voix qui crient : casse cou!, et qui toutes trouvent des échos dans les Chambres et dans le gouvernement (1).

(1) Le *tracé occidental* part de Djenien bou Rezg, terminus du chemin de fer actuel, à 475 kilomètres de la mer et passe par Igli, le Gourara et le Touat pour aboutir au coude, c'est-à-dire au point le plus septentrional du Niger; le *tracé central* part de Biskra, terminus du chemin de fer existant dans la province de Constantine à 300 kilomètres du port de Philippeville. Il traverserait les oasis de l'Oued R'hir, passerait à Touggourt, Ouargla, Temassinin et Amguid. De là, il se dirigerait par deux tronçons, l'un vers le S-O par Timissao, pour atteindre le Niger au même point que précédemment; l'autre, vers le S.-E. par Assiou pour aboutir à Kouka sur le lac Tchad; le *tracé oriental* a son point de départ sur le golfe de Gabès en Tunisie, et passe par Ghadamès et Rhât pour atteindre la région du Tchad. (*L'expansion coloniale. Encyclopédie populaire illustrée du* XIXe *siècle.* Paris, L. Henri May.)

En attendant on hésite, on discute, on piétine sur place et les Anglais vont de l'avant, ne dépensant pas comme nous leurs efforts à publier des articles stériles de journaux et de revues, des dissertations sous forme de

VUE DES MONTAGNES QUI BORDENT LE DÉSERT

plaquettes ou de volumes. Au vrai, le Transsaharien est encore tout entier sur le papier. Si l'on convient qu'il serait grand temps de mettre en mouvement ingénieurs et ouvriers, on répète que la dépense ne peut manquer d'être discutée et l'on effraie les contribuables qui, mal renseignés, ne voient là qu'un trou à faire dans le budget.

Ces oppositions systématiques ne procèdent pas toutes de la sollicitude qu'on a pour les deniers de l'État. Beaucoup viennent de ces conflits latents entre les administrations dont les traditions et les prétentions à des primautés exclusives et absolues rejettent à priori toute conciliation. C'est de là que partent ces affirmations d'empêchements techniques qui ne souffrent ni les contestations ni les contrôles. Et ces résistances sont parfois si fortes qu'elles paralysent toute initiative officielle ou privée.

IV

Malgré cela il est urgent d'aviser (1). Nous avons indiqué ailleurs (voir notre préface *au Pays des Oasis*) que l'Angleterre, notre ennemie déclarée sur le terrain économique et politique en Afrique, travaille à favoriser les visées de l'Italie sur la Tripolitaine et par conséquent à augmenter la tension de nos rapports avec une puissance qui ne nous a pas pardonné sa défaite diplomatique de 1884 en Tunisie. Or, on a dit avec raison que la Régence sera un jour la tête de la grande voie ferrée qui traversera le Sahara et les Italiens ne cachent point que c'est précisément à cause de cela qu'ils convoitent cette dépendance actuelle de l'empire ottoman. Est-il besoin d'ajouter que ce serait folie de ne pas tenir compte de ces convoitises derrière lesquelles il est aisé d'apercevoir les calculs anglais? La Tripolitaine est la grande porte du Sahara. C'est là aussi qu'est la clef du Soudan, puisque c'est de là que partent comme c'est là qu'aboutissent les artères commerciales communiquant avec la Méditerranée; les unes venant de Tombouctou par Ghadamès ou Rhât, les autres arrivant du lac Tchad par Mourzouck et le Fezzan, d'autres du Kordofan, d'Ouaddaï par les oasis d'Aoudjela et de Koufia. Le Transsaharien ne peut qu'avantager ces routes de caravanes. En outre il nous est imposé par l'obligation d'unir le Congo au Soudan et de ne pas laisser subsister davantage le danger de n'avoir qu'un empire colonial africain tronçonné dont une partie, comme le territoire du Haut-Oubanghi, reste ouverte, ne possédant pour ligne de défense singulièrement illusoire qu'un thalweg qu'on ne peut appeler infranchissable que diplomatiquement.

Charles SIMOND

(1) Des démarches ont été faites récemment auprès de M. Laferrière, gouverneur de l'Algérie, pour faire entrer la question du Transsaharien définitivement dans la période d'évolution. A la tête de ce mouvement s'est placé notre ami et collaborateur le commandant Napoléon Ney.

LES TOUAREGS

AU PAYS DES SABLES

Senousiya et Touareg

Si le Soudan, à l'heure où nous écrivons, n'est plus à conquérir, il est à utiliser et dans cette partie de notre voyage en Tripolitaine, après avoir étudié les maîtres du centre et ceux du sud de ce pays, Senousiya et Touareg, nous tâcherons de conclure par la recherche des moyens dont la France pourrait se servir, sinon pour entrer en Tripolitaine, chose facile par elle-même, du moins pour enlever et rendre moins barbare le commerce Soudanais-Saharien, dont la dernière colonie ottomane a su accaparer la route.

Ce commerce vit de traditions. Des siècles se sont écoulés depuis la création des itinéraires, fixés par les coutumes et par l'autorité des tribus auxquelles les caravaniers payent le droit de passage, et la protection de leurs marchandises. Mais depuis que nous sommes les maîtres, la Tunisie et l'Algérie ont été mises à l'index par l'autorité turque aussi bien que par le fanatisme des Khouans Senousiya.

Il est certes immense cet avantage qu'a la Tripolitaine de posséder le monopole des échanges directs avec le centre du continent.

UNE MAURESQUE

Cependant, il faut bien constater que la capitale du vilayet et Benghazi occupent une heureuse situation géographique, au milieu de la côte africaine sur le bord de la Méditerranée, à peu de distance de Malte et de l'Italie.

Trois routes principales mettent la Tripolitaine en communication avec le Soudan, celle de Kebabo où notre caravane avance

TRIBU EN MARCHE

maintenant, celle de Mourzouk et enfin celle de Ghadamès que nous prendrons bientôt par un détour sur Tripoli.

L'itinéraire de Ghadamès est de tous le plus important. Ses caravaniers ont cependant perdu, depuis 1875, le monopole des échanges avec le nord: les commerçants juifs de Tripoli et de

Benghazi organisent maintenant les caravanes à peu de distance de leurs magasins. Ils laissent la moitié des bénéfices aux chefs de la Kafilah. On évalue à 6 ou 8 groupes de 2000 chameaux chacun, le nombre des caravanes que forment chaque année les deux grandes villes du nord tripolitain. Ces convois sont placés sous la garde d'importantes escortes d'Arabes armés, capables de lutter, quelquefois avec avantage, contre les Touareg pillards.

Le voyage durera trois mois et plus peut-être. Les échanges des objets d'Europe contre les plumes d'autruches, la poudre d'or, l'ivoire, les esclaves se feront lentement. Après avoir suivi bien des marchés, il faudra songer au retour. Que de longues souffrances, du Soudan humide au Fezzan aride, que de journées de marche dans le sable mouvant sous un soleil de feu, avant de pouvoir s'abriter sous l'immense forêt des palmiers de Ghâtroun la ville sainte, avant de sentir délicieusement couler sur ses lèvres brûlantes l'eau nauséabonde, mais fraîche, du puits de Tedjerri! Cette source, la dernière à l'aller, la première au retour peut se trouver comblée par le sable. Tous n'auront point la force de l'atteindre ni parfois le courage de rechercher son eau cachée.. des squelettes d'hommes et d'animaux sont épars sur le sol, encore recouverts de lambeaux de chairs desséchées. Clandestinement soumis à une loi prohibée, les esclaves seront les plus nombreux à jalonner la route; abandonnés de la caravane, ils demeureront épuisés par le soleil et la soif, lacérés par la cravache ou la matraque. L'air torride et poudreux d'un climat étranger, si différent de l'atmosphère humide de leur patrie, les achèvera.

C'est par une fiction politique et non grâce à ses conditions naturelles que la Tripolitaine est considérée comme un ensemble. L'espace que l'on désigne sous ce nom est loin d'être complètement soumis à la Sublime-Porte. Ainsi les oasis d'Aoudjla et de Koufra vers lesquelles nous nous dirigeons, quoique comptées parmi les possessions de la Turquie, sont entièrement indépendantes.

Ici, les maîtres qui commandent et touchent l'impôt ne sont nommés ni à Constantinople ni à Tripoli. L'ordre religieux des Senousiya est l'autorité reconnue et les fonctionnaires du Sultan trouveraient à qui parler s'ils s'efforçaient d'être autre chose que des figurants: la communauté du madhi dispose de toute une armée de fantassins et de cavaliers.

De la crête du Djebel-el-Khdar, nous descendons vers le désert libyque par une succession de terrasses coupées de Ouadi, dus à l'action d'anciennes rivières et peut-être même aux eaux de la mer à une époque préhistorique. A l'est, des troncs d'arbres silicifiés sur le sol, forment de grandes forêts pétrifiées comme celles de l'Egypte.

Les oasis d'Aoudjila n'ont qu'une seule fontaine d'eau douce. Celle du Djalo, la plus importante du groupe, en manque totalement; on n'y trouve qu'un liquide salin pour l'arrosage des palmiers et c'est dans l'oasis du Ouadi qu'il faut aller chercher l'eau indispensable à la boisson. Ces oasis sont coupées par de vastes espaces déserts et des rangées de dunes; celle de Lechkerreh, entourée de sables mouvants, ne tardera pas à être envahie.

Les habitants de cette contrée se nourrissent de légumes que fournissent les jardins, de céréales, de dattes et, dans de rares circonstances, de la viande de leurs chèvres ou de leurs brebis. Ils louent aux caravanes en marche vers Benghazi, Mourzouk ou Koufra d'excellents chameaux. Nous leur devons en partie ceux de la nôtre.

Du dernier puits des oasis de Djalo à celles de Koufra, on compte 360 kilomètres de distance. L'espace à parcourir se compose en grande partie de serir (plateaux caillouteux); pas un seul point d'eau ne permet aux caravanes de s'arrêter. Dans leur archipel d'îles verdoyantes, perdues au milieu des sables et des rochers du désert libyen, les habitants de Koufra veillent au maintien de leur isolement auquel ils attribuent leur indépendance. Ils empêchent qu'on ne creuse aucun puits dans l'espace qui les sépare des oasis voisines.

Dans ces conditions, Koufra demeure une des régions les plus difficiles d'accès qu'il y ait dans le continent africain. Les premiers des Allemands qui tentèrent de visiter ces mystérieux pays durent, après dix jours de marches, abandonner leur projet, quoique bien armés, pourvus de vivres et suivis d'un convoi de chameaux chargés de caisses de fer blanc pleines d'eau.

Tandis qu'au nord et à l'est, les sables mouvants se déroulent en hautes vagues, les dunes sont rares dans le pays de Koufra. Au sud, la roche unie se montre nue.

Koufra est riche en eau potable, ce qui surprend dans un pays desséché où il ne pleut que tous les deux ou trois ans. Pour trouver la nappe d'eau, il suffit de creuser à une profondeur de 5 mètres. Le trop plein de ces sources forme quelques lacs ou sebkha marécageuses qui se prolongent sur un espace de plusieurs kilomètres. Leurs bordures salines ressemblent à des vagues, dans l'air surchauffé. Des canards, des oies sauvages, quelques cigognes peuplent ces marais. Près de là, dominant les pauvres huttes de l'oasis, se dressent les ruines d'un fort construit en blocs de sel.

Koufra possède d'énormes murailles verdoyantes, formées de vieux figuiers sauvages qui servent de refuge à d'innombrables serpents sans venin. On voit ces reptiles s'enrouler autour des branches, à l'affût des petits oiseaux.

***

Malgré l'apparence de tranquillité dans laquelle se trouve la Tripolitaine, il faut bien reconnaître que la domination turque, même en dehors des oasis d'Aoudjila, Djolo et Koufra, n'est pas généralement acceptée, et l'union des Arabes aux Turcs, en cas de lutte contre une nation européenne, ne prouverait pas autre chose que la défense d'une religion commune, mais non pas d'une commune politique. En temps de guerre, on ne trouvera que les sectateurs du prophète, unis pour l'anéantissement du chrétien, en temps de paix, on trouve l'Arabe ennemi du Turc.

Nous étudierons à ce sujet l'ordre des Senousyia, secte née dans le Sud Oranais, dont le siège fut quelque temps au Djebel-el-Khdar en Cyrénaïque. Cet ordre, le plus important et le mieux organisé de l'Islam, grâce à la faiblesse du gouvernement turc, a pu devenir puissant au point de former un véritable état indépendant dans la Tripolitaine ottomane.

On connaît ces confréries religieuses; elles ont eu un rôle actif dans toutes les révoltes que nous avons dû apaiser en Algérie depuis 1830. La plus dangereuse d'entre elle est celle des Senousiya : c'est que son organisation est supérieure à toute autre (1).

(1) Citons ici la remarquable notice lue par M. Duveyrier au Congrès des Sociétés Savantes en 1883. Les faits qu'il signalait alors ont, comme on le voit par le récit de M. Troubad, fort peu changé depuis 16 à 17 ans.

Voici d'après nos recherches quelle est l'extension géographique de la confrérie de Sidi-Mohammed-Ben-Ali-ès-Senoûsi. Elle aurait des adhérents dans la Mésopotamie et sa propagande se ferait sentir aussi dans le Sahara algérien à 57° plus à l'ouest. Sur le 41° de latitude nord. à Constantinople, elle a une agence auprès du sultan des Osmanlis ; elle a pénétré dans le Wadaï jusque vers le 13° de latitude, c'est-à-dire 28° plus au sud. Il est difficile d'évaluer le nombre exact de ses adhérents, et cela se comprend, étant donnée sa dissimulation qui est dans l'esprit de la confrérie ; mais ce chiffre n'est certainement pas inférieur à un million, et il est probable qu'il n'atteint pas encore trois millions d'individus. Voilà les résultats obtenus en quarante-trois ans. Un aperçu rapide des couvents et autres centres de propagande permettra de voir dans quelles parties du monde musulman les frères sont répandus par groupes plus ou moins nombreux. Dans la Turquie d'Europe, l'agence de Constantinople est le seul centre de propagande permis. L'Egypte compte huit couvents dont un seul, celui de Boulaq, est dans la vallée du Nil, et les sept autres dans les oasis du désert de Libye. Dans la Turquie d'Asie deux couvents furent fondés; un seul reste, celui de La Mecque La Tripolitaine en a compté trente-neuf ; il en reste trente-six ou trente-sept. La Tunisie en a eu sept et en a encore six. L'Algérie en a eu six et en a encore trois ou quatre. Le Maroc en possède quatre ; le Sahara indépendant, deux ; et les parties indépendantes du désert de Nubie, six. Cela fait soixante-seize noyaux d'établissements de propagande jetés en quarante-trois ans, et en résumé soixante-dix couvents ou succursales à l'heure actuelle. On trouve des groupes de frères en Mésopotamie, à Constantinople, dans les oasis de l'est de l'Egypte ; toute la population du livâ de Ben-Ghâzy est affiliée, ainsi que celle des oasis du désert de Libye, du Fezzan, du Touat Tibesti, du Wanianga, de l'Ennedi et du Borgou presque toute entière. Le Wadaï ne formerait qu'une seule communauté des Senoûsiya qui aurait ainsi la direction de l'opinion dans le Fédé, le Kânen et le Kawar. Je ne crois pas qu'on puisse trouver dans l'histoire d'une autre religion un développement aussi rapide d'une secte religieuse austère et radicale. (*Revue scientifique*, 14 avril 1883).

Le fondateur des Senousiya est Mohammed Ben-Ali des Senoûsi, célèbre marabout, qui fut d'abord l'humble taleb d'un petit village.

UNE DEMANDE EN MARIAGE AU SAHARA

Par son esprit d'entreprise et son grand mysticisme, il parvint à se créer un véritable empire au centre de la Cyrénaïque. Dans les dernières années de sa vie, il était chef spirituel des musulmans, depuis Alexandrie jusqu'à Gabès, et dans le Soudan, ses émissaires lui créaient des adeptes. Il résolut alors, pour augmenter son prestige et ses revenus, d'abandonner la Cyrénaïque et la Zaouïa-El-Beïda où il habitait, et transporta le siège de son autorité dans l'oasis de Djaraboub, au centre d'un désert affreux.

A sa mort, son secrétaire lui succéda mais il fut tué et quoique ses fils n'eussent encore que peu d'années, les Khouans les reconnurent.

Depuis cette époque, Djaraboub est un des lieux de pèlerinage pour les Marocains, les Algériens et les Tunisiens de retour de la Mecque.

Le fils du fondateur, El Mahadi (le Mahdi) a hérité d'un immense diocèse musulman et de nombreuses donations. Son grand souci a été surtout d'étendre sa puissance en Cyrénaïque et de toucher les impôts qu'on ne verse pas aux Turcs.

Le Mahdi avait été désigné dans une vieille prophétie confirmée par son père, comme devant être le Messie promis pour accomplir la grande révolution du XVIIIe siècle de l'hégire qui établirait la puissance arabe sur les ruines de la Turquie.

Quoique excellent cavalier, amateur des jeux de la guerre et confiant dans les promesses paternelles, le Mahdi s'est bien gardé de s'engager dans une entreprise périlleuse. Grâce à ses prédications, il a su répandre son influence de plus en plus au Soudan .Les nègres du Fezzan et du Wadi reconnaissent l'ordre des Senousiya, et en subissent les lois. Les Kouans arabes peuvent former un groupe de 50,000 partisans dont le chef ferait à l'occasion des combattants. Avec les nègres, qui sait les forces qu'il pourrait grouper ?

Pendant quelque temps, le Mahdi avait formé le plan d'augmenter son prestige dans nos colonies et d'en soulever les Arabes contre nous. Aussi avait-il fondé un certain nombre de Zaouïa à Ghadamès et à Rhât, se rapprochant de l'Algérie par le sud, en contournant la Tunisie où il avait peu d'adeptes. Son projet d'atteindre le Touat et de miner notre autorité a été enrayé pour longtemps par les précautions prises et les bonnes relations que nous avons toujours entretenues avec les Tidjania, ordre rival du sien. Maintenant, les Senousiya se concentrent davantage en Tripolitaine, dans les oasis, et vers le Soudan. Néanmoins, il n'est pas inutile pour la France de veiller sur la Tripolitaine qui, politiquement, n'est qu'une province turque, mais en réalité est devenue depuis la conquête de la Tunisie, l'un des derniers centres d'une sorte d'empire religieux arabe, renforcé des nègres du Fezzan et du Soudan central.

Nous nous dirigerons vers le pays des Touareg en suivant jusqu'à Tripoli l'itinéraire de la première partie de notre voyage, mais ce ne sera plus la marche régulière et vaillante du début; nous sommes en pays particulièrement fanatique, où l'on a vu souvent et mystérieusement disparaître les pauvres colons Grecs venus pour s'établir dans les ports du Pays de Barka. Notre présence éveille des susceptibilités, des jalousies, des haines peut-être. Ne serons-nous pas avertis à Benghazi, peu de jours avant d'embarquer, que nous devons redoubler de prudence, qu'il ne serait pas extraordinaire qu'un illuminé nous donnât en plein jour, dans la rue, un coup de « flissah » (poignard)?

Avant d'arriver à Benghazi, les provisions ont manqué; nous avons dû attendre d'abord trois jours, plus tard deux jours et demi, avant de prendre aucune nourriture. C'est à ce moment-là que l'eau des outres nous a semblé excellente. Cette eau, qui nous répugnait auparavant avait séjourné si longtemps dans des peaux puantes, transformées en bouilloires par l'excessive chaleur!

Comment ne serions-nous pas affaiblis, quand les indigènes eux-mêmes se plaignent d'être souffrants? Nous supportons difficilement ce climat et n'avons pas comme eux l'heureux privilège de chasser les maladies en les faisant passer dans une tige d'alfa! Nous voyons parfois des chameliers descendre de leurs montures pour s'agenouiller au pied d'une touffe d'herbes qu'ils nouent avec soin, espérant y attacher leurs maux; tant est grande la puissance hypnotique de la foi qu'il leur arrive peu après de se croire guéris et souvent de l'être en effet.

Cette croyance qui permettait de pousser aux moments critiques les moins courageux, aurait toujours été pour nous d'une grande ressource si elle n'avait pas dû lutter parfois contre une autre superstition plus impressionnante encore; nous voulons parler du *Chant des sables*. Dans certaines parties du désert, il n'est pas rare au milieu du silence infini, d'entendre tout à coup un son vibrant, comme celui d'une trompette lointaine. Ce bruit dure une minute à peine, puis les sables se taisent, la voix recommence plus loin sa chanson. Les animaux eux-mêmes l'entendent et en sont effrayés, plus d'un caravanier, épuisé par la fatigue, croit à l'apparition d'un Djinn (génie) joyeux de ses souffrances et célébrant sa mort prochaine (1).

On explique ce phénomène par le refroidissement des molécules vibrantes. Mais pourquoi n'entend-t-on le *Chant des sables* qu'à certains endroits du désert?

Le Sahara est une terre d'études où les géologues ont à découvrir encore bien des secrets.

Le désert se fait sentir dès Tripoli, à l'endroit même où les sables, en flots légers et mouvants, montent à l'assaut des remparts de verdure de l'oasis de la Meschija. Cet aspect désertique

(1) Voir *Bibliothèque des Voyages* « Au Pays des Oasis », n° 90.

se complète bien avant que le voyageur n'arrive aux confins de la Tripolitaine proprement dite. Les bandes de sables se succèdent,

LE MUEZZIN

passant par toutes les teintes du vieil or, à travers les îlots verts des palmiers, et, à l'horizon, le sol se confond avec le ciel dans je ne sais quelle vapeur qui tremble sous le soleil.

Comment parcourir ces espaces incultes, comment relier entre elles ces oasis ? La route est bien longue, les puits deviennent rares, et la force humaine est vaincue par la difficulté de la marche, autant que par l'impossibilité de la subsistance. Mais, le chameau n'est-il pas là, coursier infatigable, dans cette chaleur d'étuve?

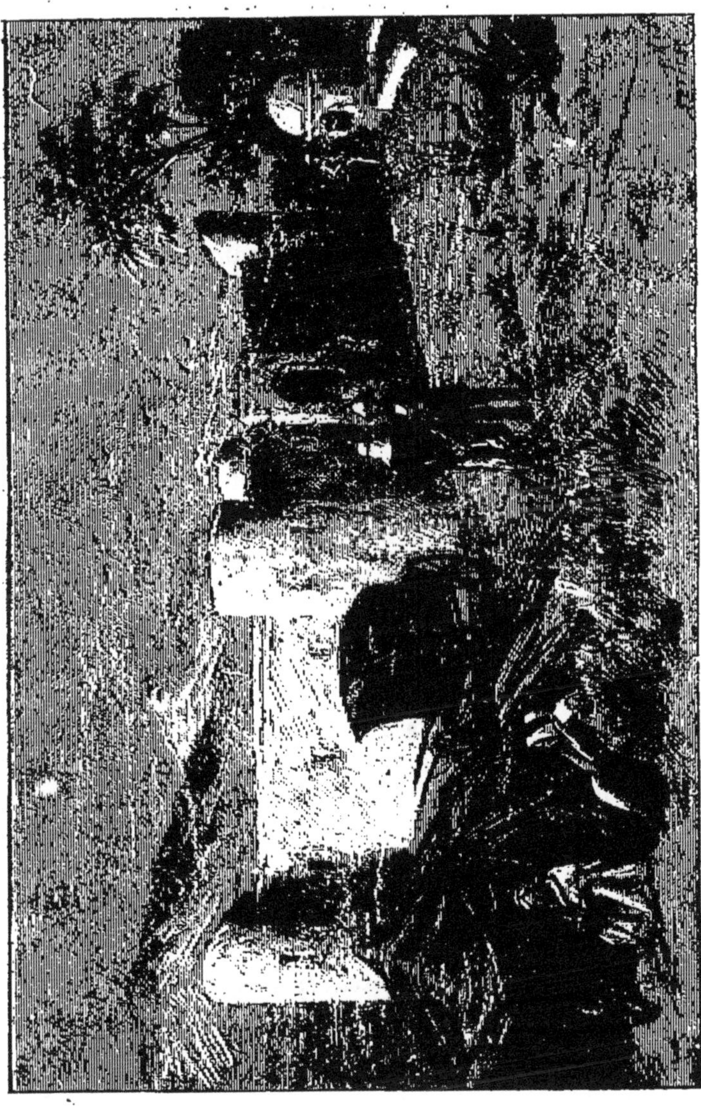

CARAVANSERAIL

Il murmure bien quelquefois: au moment où il lui faut s'agenouiller pour prendre ou laisser le fardeau, ses plaintes, semblables à des rugissements de fauve effrayeraient ceux qui ne le connaissent pas. Qu'on se rassure, c'est un grand inconscient qui fait beaucoup de bruit, mais bien rarement du mal. Ne le voilà-t-il pas enfin debout, prêt à accomplir sa tache, si pénible qu'elle puisse être... Et maintenant, docile et infatigable, impassible et résigné à tout quoi qu'il advienne, il ira, buvant rarement, mangeant peu, sans se lasser jamais, éternel arpenteur des sables.

D'une grande force musculaire, agile malgré l'étrangeté de sa démarche, facile à nourrir, peu sensible à la chaleur et au froid, le chameau réalise le type parfait du grand mammifère organisé pour le désert.

Par une singularité de structure qui abaisse à son minimun l'évaporation cutanée et pulmonaire, il peut rester 8 à 10 jours sans boire, ne perdant pour cela aucune de ses qualités; au pâturage, il pourrait prolonger durant un mois cette attente.

Le chameau à deux bosses de l'Asie centrale supporte plus facilement le froid et l'humidité que le chameau africain constitué pour les climats secs; c'est ce qui explique la difficulté qu'on éprouve au Soudan pour acclimater ce quadrupède.

Il faut distinguer le méhari du chameau commun, moins haut et plus large, à bosse saillante, aux membres épais qui en font surtout une bête de somme.

Le méhari se caractérise par la finesse et l'élégance des jambes et du cou, la hauteur de la taille et l'extrême vitesse. Alors que le chameau arabe met une heure pour franchir 4 kilomètres, soit en moyenne 26 kilomètres par jour, le méhari atteint sans peine 100 kilomètres dans le même temps. On cite un cheik du Touat qui franchit sur son méhari 300 kilomètres en 48 heures!

Les chameaux sont d'une direction facile. On s'asseoit sur la selle arabe, appuyé contre le dossier, les jambes croisées autour du troussequin en forme de croix, les pieds seuls sur le cou du chameau. On peut utiliser la guide; mais le mieux est de se servir de ses jambes pour indiquer à l'animal par une simple pression la direction qu'il doit prendre. Dans les fêtes sahariennes, il n'est pas rare de voir des femmes à méhari jouant du gombril, tandis que leur monture se balance au son de la musique.

***

Le Djebel Gharian, que nous traversons, n'a point d'agglomération de huttes digne du nom de village, si l'on en excepte les galeries souterraines de Zenthan.

Dans une de ses parties basses, le plateau se découpe en une multitude de ravins peu profonds, en forme de rues. Le long de ces bandes calcaires la tribu de Zenthan a creusé ses habitations. Ce groupe de demeures rappelle assez celle de Kasr-el-Medenine de Tunisie, où des trous ovales ménagés dans le rocher figurent des entrées de grottes. Au moyen d'échelles ou d'escaliers grossièrement taillés, les résidants atteignent ces antres artificiels ayant jusqu'à cinq et même six étages.

La population totale de cette ville de Troglodytes peut être évaluée à 5,000 individus, logés en 1,000 à 1,100 maisons. La culture ne porte que sur l'olivier. Cet arbre croît jusque sur les demeures.

Au delà de Zenthan, les seules tribus dont on puisse parler sont celles de Kasr Ghanan et Djebel Kasr.

Cette dernière est campée à l'abri de fortifications ottomanes qui dominent un cirque d'une régularité d'assises étonnante. Comme un ouvrage d'architecture, cette brèche naturelle offre des couches diversement colorées de gypse et de calcaire, avec corniches saillantes. A l'ouest, se succèdent d'autres Djebel peu connus qui furent déchiquetés par des volcans éteints aujourd'hui.

La sérénité du ciel est presque constante et jusqu'au point extrême de l'horizon les objets se révèlent avec une netteté étonnante, taches sombres des brousses sur les dunes lointaines, groupes de tentes et chameaux des caravanes que l'on voit se déplacer lentement sur le fond gris de la plaine.

Cet air lumineux, d'une merveilleuse transparence, qui donne un aspect si particulier à tous les paysages africains, que de fois à notre retour ne le regretterons-nous pas, malgré les souffrances qu'il fallut endurer pour en jouir !

La hamada caillouteuse devient dure à traverser. Les chaleurs torrides, l'éloignement des puits, le défaut de points fixes qui rendent les routes régulières et facilement reconnaissables, nous inquiètent quelquefois. C'est à ces moments d'incertitude que l'on sent tout ce qu'a de sacré la profession de guide. On s'explique les hommages mêlés de supplications, la solennité du départ, et les remerciements, les cadeaux à l'arrivée à celui dont l'attention à su préserver la caravane de la perte.

Les moindres traces, le plus léger indice l'ont renseigné. Il sait interroger les nues du ciel et se servir du vol des oiseaux. Transmise de père en fils pour les mêmes régions, la fonction de guide semble devoir à l'atavisme des intuitions extraordinaires. Sans regarder les étoiles, le guide désignera d'une façon précise le point de l'horizon où se trouve la ville ou l'étape. Il connaîtra la direction de l'arbre indicateur de la mare, du puits, des sables humides.

Les eaux du ciel ou des sources se sont amassées en des cavités peu profondes et, par l'évaporation continuelle, ont laissé sur le sol des plages salines sur lesquelles l'air échauffé compose et décompose ses mirages, S'il arrive alors que des routes, connues jadis, se trouvent perdues par l'invasion des sables ou le comblement des puits, l'étape s'allonge, toujours incertaine, le souvenir précis du guide fait place à l'imagination commune. Dans l'air vibrant la-bas, se dressent des palmiers merveilleux. La légende hante les cerveaux ; on parle de ces pays de délices où des eaux vives, de tous côtés, ruissellent sous les ombrages. L'hallucination commence. La marche devient machinale, irréfléchie. A ce moment critique, si la caravane est perdue, la faim et la soif devenues plus terribles encore achèvent lentement leur œuvre et quand les voyageurs s'arrêtent c'est pour mourir... les cadavres, sans exhaler aucune odeur, se dessécheront rapidement, recouverts d'un léger linceul de poussière.

***

Dans une plaine jaune, striée de bandes grises ou rougeâtres, sur un sol farineux, où s'enfoncent les pieds des chameaux, un rideau de palmiers cache la muraille d'environ 6 kilomètres qui environne Ghadamès.

Le sable s'est accumulé contre les assises de pisé des remparts. Des ruines servent en maint endroit d'appui au flot mourant.

La ville offre un aspect particulièrement curieux. Toutes les rues sont couvertes par le premier étage de chaque demeure, l'obscurité y est à peu près complète. Les maisons n'ont d'autres ouvertures extérieures que la porte d'entrée. Le rez-de-chaussée ne reçoit de lumière que par un trou pratiqué dans le plafond. La cuisine se fait ordinairement sur les terrasses qui communiquent toutes entre elles, de sorte qu'on peut aller d'une extrémité de la ville à l'autre sans mettre pied à terre.

Les Ghadamésiens jouissent dans toute l'Afrique d'une réputation de loyauté en affaires. Ils sont d'ordinaire de sang très mélangé et appartiennent à toutes les races du nord. Les captives italiennes et espagnoles qui entraient au début de ce siècle dans les harems des chefs, ont apporté un élément ethnique nouveau dans une population déjà remplie de Fezzanais et de négresses du Soudan.

Par leur habillement, les Ghadamésiens ressemblent aux Touareg, mais ils n'en ont pas l'énergie. Les femmes offrent un type plus remarquable, leur étrange costume y est pour beaucoup. Les vêtements féminins sont bleus d'ordinaire, serrés à la taille par une ceinture rouge et agrafés sur l'épaule gauche, laissant à nu le bras droit. Les ornements ordinaires aux femmes arabes brillent à leurs oreilles, sur leur cou et à leurs chevilles. Elles portent sur le front un pompon rouge, signe de liberté, et aiment les couleurs vives; il n'est pas rare d'en trouver dont la coiffure, de forme phrygienne, la robe, la ceinture et les babouches sont complètement rouges.

Au centre de la ville est une source antique, celle du Crocodile. C'est la plus importante de l'oasis, elle a 29 degrés de température. Pour la boire on la laisse refroidir dans des bassins où poussent des plantes aquatiques et où pullulent des sangsues. Une quinzaine de puits artésiens donnent de l'eau salée; ils suffisent à peine à l'entretien des 70.000 palmiers de Ghadamès. L'eau est

LA POSTE AU DÉSERT

parcimonieusement partagée et le coût de l'irrigation est toujours supérieur à la location de la terre.

Les Ghadamésiens entretiennent leurs sources avec le plus grand soin. Quand l'eau en diminue, ils creusent le sol pour capter le filet, faisant en sorte qu'il ne s'en perde pas la plus faible quantité. Dans cette lutte éternelle au désert, les sables ont souvent remporté la victoire sur les eaux fécondantes des oasis. Des terrains bas, jadis remplis d'eau, sont aujourd'hui desséchés. Dans certaines contrées, des canaux ensablés, des restes de demeures attestent la dessication lente mais sûre du sol.

Il existe une corporation sainte et vénérée de tous, celle des Fontainiers Noirs qui se vouent à l'entreprise la plus considérée au Sahara, celle de découvrir des sources. Ils payent cet honneur bien cher. D'ordinaire phtisiques, ils meurent tôt.

Lorsqu'ils ont choisi l'endroit où l'humidité de la terre leur fait prévoir la nappe souterraine, ils prient le *Dou'l Kornein*, dieu des eaux, font brûler un peu d'encens en son honneur et creusent un trou cylindrique. Arrivés à une certaine profondeur ils se font attacher à des cordes en fibres de palmiers, consolident les couches de terre ébouleuses et atteignent parfois à 50 et 60 mètres de profondeur. Arrivés au sol pierreux, d'où ils entendent le bruit de l'eau, ils se font rapidement remonter, laissant tomber de haut une lourde masse. L'étroite « *porte de l'eau* » se brise et la source jaillit soudain.

Ce n'est ni à ses jardins pauvrement irrigués, ni à son commerce local que Ghadamès doit sa richesse. Située précisément au point de convergence des routes de Gabès et de Tripoli, entre deux régions stériles, presque inaccessibles, qui n'offrent aucun point d'arrêt, l'ancienne Çydamus, aujourd'hui Ghadamès est devenue le lieu de départ ou de passage obligé pour les caravanes qui montent vers la Tripolitaine ou descendent au pays des Touareg.

Son marché appelé « le rendez-vous du désert, » est situé auprès de piliers informes que les indigènes vénèrent comme des dieux et non loin d'un campement de Touareg. On y trouve réunis tous les produits d'échanges d'Europe et du Soudan : à travers les gourbis, les amas de marchandises et les troupeaux de chameaux, circulent Fezzanais, Tripolitains, Touareg et Soudanais, la main sur les poignards de leurs ceintures. On nous conduit vers la tente d'El-Hadj-Kramsa, le plus illustre médecin du pays, qui traite en plein marché, d'une main sûre et rapide, toutes les maladies connues et même plusieurs qui ne le sont pas. Ses cures merveilleuses ont répandu au loin sa réputation. On ne parle de lui qu'avec le plus grand respect. Hadj-Kramsa est gravement assis sur ses talons, son front ridé témoigne des labeurs de son esprit. Nous demandons à connaître sa thérapeutique. Rien de plus simple. Cet illustre savant n'admet que deux catégories de maladies : les maladies intérieures et les maladies extérieures. Sa façon de soigner, aussi célèbre qu'efficace, a fait école malgré l'envie qui s'attache toujours aux pas des grands hommes.

Pour les maladies intérieures, quand la douleur siège de la tête à la ceinture, saignée à la tête, à l'aide de petites incisions pratiquées sur la peau du crâne, après une strangulation appropriée. Saignée au bas des jambes quand la douleur siège dans la partie inférieure du corps.

Pour les maladies extérieures, il ordonne de la boisson d'herbes jusqu'à disparition complète de ladite maladie. Ce qui a fait dire aux jaloux de sa gloire que ses malades mourraient toujours un pot de tisane à la main.

Joignons à cela la fabrication d'un onguent infaillible pour la cicatrisation des blessures et une habileté remarquable pour arracher les dents qu'il fait toujours suivre d'un morceau de la machoire pour être plus certain, dit-il, de ne pas laisser les racines.

Hadj-Kramsa trouve un concurrent dangereux dans Bou-Saad, qu'on nous montre assis au fond d'une tente obscure à l'endroit le plus retiré du marché. Saad est ennemi de la réclame; il n'opère pas au milieu de la foule bruyante comme ce charcutier de Kramsa, titre qu'il donne à son rival dans les transports d'une sainte colère. Bou Saad est en effet un savant de grand renom. Comme les Védas, Pythagore, Copernic, il admet la puissance mystérieuse des nombres. Sa science, beaucoup moins compréhensible que celle de son rival, n'en a que plus de charme pour le vulgaire qui n'y voit goutte. A un tarif que la concurrence et la plus sincère philanthrophie l'ont conduit à établir exactement semblable à celui de son rival, Saad vend des talismans, amulettes précieuses pour la réussite des entreprises, pour passer invisible devant son ennemi et pour la guérison des maladies les plus opiniâtres.

Pas de douleur comme avec cet affreux Kramsa, autre qualificatif qu'il lui donne, quand sa recette semble inférieure a celle du médecin. Le simple enveloppement de la partie malade suffit. Pour un prix légèrement supérieur, le papier sur lequel sont inscrits les signes cabalistiques sera mis dans un étui en cuir et suspendu au coup du client.

Le Taguez-el-Hadj-Mohamed nous remet à notre départ de Gabès des amulettes semblables qui devaient, aux yeux de nos compagnons, nous assurer la réussite et nous préserver de la mort; elles étaient pareilles à celles qu'on avait données à Morès avant son départ. Et comme nous objections l'assassinat de ce dernier on nous répondit que le Marquis n'avait pas dû se munir de tous les talismans nécessaires. Telle était l'importance de ces amulettes aux yeux de nos guides que nous les avions soigneusement conservées. Il peut arriver que, dans les cas graves, Saad ordonne de faire une tisane du talisman coupé en petits morceaux.

Si la guérison est opiniâtre, la raison en sera bien simple. Ce saint homme vous l'expliquera, Ce sont les Djinn (Démons) qui siègent dans la partie malade et n'en veulent point encore partir. Un nouveau talisman, d'un prix supérieur au premier et par conséquent d'une plus grande influence, les y déciderait certainement, mais ne troublons pas davantage ce sanctuaire où manquent, seules, les cartes, grands et petits jeux pour la plus entière simplification des affaires du praticien et des malades.

Une vieille femme survient; sa fille est nouvellement mariée, et

A TRAVERS L'OUED

l'époux l'observe à peu de distance armé d'un formidable gourdin. Nous tenons de bonne source que cette épouse a 11 ans; son voile ne nous permet pas de contrôler la confidence. Cependant sa taille, ses seins faibles encore, sa démarche, tout est bien d'une enfant à laquelle on aurait trop tôt enlevé sa poupée. Laissons ces braves gens dans le calme du tête à tête exposer à notre savant les mystères de leurs douleurs.

***

Sur tout le plateau de Ghadamès le sol est parsemé de petits cônes de grès produits par le travail des roches sous-jacentes. Des

ENTRÉE D'UN VILLAGE

collines se sont ouvertes laissant s'épandre par leurs fentes les parties calcaires ou gypseuses de la roche intérieure désagrégée.

De semblables travaux de destruction, qu'il est facile de prendre sur le fait dans toute la région, sont dûs aux changements brusques de la température, à l'action des vents. Dès que les dalles des plateaux offrent une fissure, l'œuvre de désagrégation commence. Gypses ou grès se transforment graduellement en sable ou en poussière; la partie superficielle du plateau est peu à peu rongée, ne laissant subsister que les noyaux plus résistants, qui se dressent en pyramides au milieu des sables. L'argile est usée de la même manière, quand quelques arbustes ou du drinn aux racines traçantes ne le protègent pas.

Après la désagrégation, le triage s'opère. Les particules tenues, argile, gypse, calcaire, sont emportées au loin en poussière. Les plus lourds débris restent sur place formant des hamada pierreuses. Les grains de quartz tiennent le milieu et sont charriés de distance en distance, suivant le mouvement des dunes. Ces derniers débris jouent un grand rôle dans les tempêtes du désert, mais on en a exagéré le danger. Il faut bien rabattre des légendes qui parlent d'armées englouties sous les dunes en marche comme les flots de la mer. Si le soleil est obscurci par les nuages de sable, si les dunes fument de tous côtés et semblent se résoudre en poussière, quand la tourmente s'est dissipée, le paysage est à peu de chose près le même qu'auparavant. Une des difficultés du voyage est l'écart énorme qui se produit entre les fortes chaleurs et les grands froids.

C'est la conséquence directe de la sécheresse de l'air. Plus l'air est sec plus on voit augmenter l'insolation, c'est-à-dire la quantité de chaleur versée par le soleil à la terre, et le rayonnement, c'est-à-dire la quantité de chaleur que la terre abandonne à l'espace. On sait combien les rayons solaires paraissent chauds sur les hautes montagnes; les rocs, les gazons mêmes s'échauffent plus que dans les vallées; tandis qu'on éprouve un froid glacial dans les endroits restés à l'ombre. C'est que l'air est plus sec près des hautes cimes. C'est que la vapeur d'eau condensée en nuages ou même à l'état invisible, s'interpose comme un écran protecteur, le jour, entre la terre et le soleil, la nuit, entre la terre et le froid de l'espace, et crée ces climats tempérés comme celui de la France, ou rien n'est extrême, ni le froid, ni la chaleur. Cet écran protecteur fait à peu près défaut dans le désert. Aussi les changements de température y sont-ils fréquents et intenses.

Brusquement, presque sans crépuscule, le soleil s'est levé dans le ciel clair. Les rayons, dans cette sèche atmosphère, sont déjà brûlants à cette heure matinale et, sous la réverbération du sable et de la pierre, la couche d'air voisine du sol entre peu de temps en jeu pour modérer le soleil. Dès neuf heures du matin, la chaleur est très forte, elle ne cesse de monter jusqu'à 3 ou 4 heures du soir. C'est alors qu'on voit quelquefois se dessiner les images tremblantes du mirage, produites par la vibration de l'air, échauffé comme dans un four. Puis, la chaleur se retire lentement devant la nuit qui s'approche. Après avoir incendié un moment le ciel resté sans ombre, le soleil disparaît. Alors, dans la nuit transparente, le roc et le sable abandonnent leur chaleur presque aussi vite qu'ils l'ont reçue. Elle se perd dans le ciel d'un bleu sombre, et le calme souverain de l'atmosphère si tranquille qu'un flambeau brûle sans vaciller, favorise encore le refroidissement de l'air.

Le rayonnement nocturne abaisse le thermomètre à 2 et 3 degrés au dessous de zéro, tandis qu'à la lumière du soleil, le sable se réchauffait à 60, et 70 degrés même.

***

A 400 kilomètres de Ghadamès est la ville la plus fermée qui soit. Borg et Csillagh qui voulurent la visiter en 1858 y moururent; en 1869, Mlle Tinné fut assassinée avant de pouvoir l'atteindre et en 1874, Dournaux, Duperré et Joubert, partis de Ghadamès furent égorgés par les Touareg.

Rhât est une ville commerçante, grand caravansérail comme Ghadamès. Batie à la base d'une colline rocheuse et bordée de remparts, elle commande l'océan des grandes dunes. Beaucoup moins importante que sa rivale du nord, Rhât a les mêmes coutumes, des habitations peu différentes et une population mélangée. Son agriculture, son industrie sont nulles, ses seules ressources résident dans son trafic avec les marchés lointains du Tchad et du Niger. Dans une triste oasis de 4,000 palmiers, les Touareg ont établi leurs tentes de cuir. C'est avec ces maîtres du désert que la caravane doit entamer des négociations pour louer de nouvelles bêtes de somme et obtenir la permission de continuer sa route.

Le Fezzan, ancien pays des Garamantes, que peuplent des nègres et des Berbers, s'étend sur deux plateaux composés tantôt de pays incultes et des fosses cultivées.

Des vallées étroites où croissent des palmiers constituent les seuls points verdoyants de cette contrée. Ce sont les rameaux d'un ancien fleuve que des sables et des rochers comblent en maints endroits. Partout ailleurs la masse sableuse se déroule en une mer continue où, par miracle, se maintiennent quelques lacs. Dans ces lacs qu'entretiennent des sources, mais qui ne reçoivent presque jamais l'eau des pluies, des Fezzanais pêchent une espèce de ver doré dont ils se nourrissent.

Les seuls animaux de ces pays disgraciés de la nature sont le buffle, la gazelle, l'antilope, des corbeaux, des faucons et quelques vautours.

Les chevaux, les brebis, les bœufs venus du nord y sont peu nombreux et de petite taille.

Les lits desséchés, avec leurs berges et leurs plages, témoignent des grands changements accomplis depuis que se sont perdus dans les sables, les torrents et les ruisseaux tributaires de grands fleuves. Alors croissaient de superbes forêts dont on trouve en plusieurs parties du désert des troncs pétrifiés; les fleuves se peuplaient de crocodiles; le bœuf remplaçait le chameau, et ainsi que l'attestent des sculptures sur les rocs des montagnes, le rhinocéros et l'éléphant ont disparu avec les forêts qui leur donnaient asile.

Une des parties les plus stériles du Fezzan, la Hamada de Mourzouk renferme la ville la plus importante et aussi la plus insalubre de cette contrée. De l'eau croupissante dont s'entretiennent ses jardins montent des exhalaisons dangereuses et bien peu de ses habitants échappent à la maladie commune, la malaria.

Une enceinte en pisé flanquée de tours enferme les mêmes rues, les mêmes demeures qu'à Rhât et a Ghadamès; au milieu se dresse une haute tour d'argile battue. Entre la ville et la zone des sables s'étendent des marais salins, des cimetières et de pauvres jardins.

Au dela, vers l'ouest, commence le pays des Touareg. Ils viennent s'approvisionner dans les trois villes que nous avons citées; ils méprisent l'Arabeet le Fezzanais « vils payeurs de tribut. »

***

Les habitants des sables que les Arabes nomment Touareg ou « *abandonné* » et encore « *gens du voile* », se désignent eux-mêmes par le titre d'Imôhagh, ce qui signifie *homme libre*. Et, cette appellation serait, en effet la plus parfaite qu'on puisse leur donner si le nom d'un peuple devait résumer ses tendances, ses aspirations, ses idées.

De maîtres, ils n'en veulent point. Dans l'immense espace d'un million de kilomètres carrés qu'ils parcourent à leur gré, ils peuvent en effet se croire parfaitement libres. Quand on leur reproche leurs rapines, ils répondent « nous vivons exclusivement d'injustices et de péché, mais comment pourrions-nous subsister autrement? Le travail, nos pères ne l'ont jamais connu et ce serait une ignominie de déroger à cet usage de notre race! »

L'idée de liberté chez eux est inséparable de celle de vol; le titre d'Imôhagh qu'ils se sont choisi, veut encore dire : « *je pille* ».

Il existe entre eux des tribus d'un caractère et d'une organisation politiquement bien différentes. Les Azdjer et les Hogghar qui sont les Touareg du nord et la catégorie un peu mélangée des Touareg du sud.

Les Azdjer occupent la partie orientale du Sahara, ils ont acquis une certaine réputation dans la protection, parfois loyale, qu'ils accordent aux marchands. Ils ont souvent procuré des moyens à quelques voyageurs pour connaître leurs régions et ont l'honneur de posséder dans leur sein l'Amanokal, espèce de chef des Touareg du nord sur l'autorité illusoire duquel notre gouvernement lui-même et beaucoup d'explorateurs se sont trompés.

La confédération des Hogghar est la plus guerrière, on pourrait dire la plus féroce; les autres Touareg la redoutent. Elle habite

UNE RUE A GHADAMÈS

une région montagneuse où ses tribus se réfugient comme en une citadelle.

Il n'est qu'un moyen de traverser sans encombre le Pays des sables, c'est d'acheter par avance la protection de ses habitants. L'étranger fait marché avec un chef qui, pour une certaine somme, s'engage à le protéger. Le sauf-conduit qui rachète le voyageur du meurtre et du pillage est un usage général dans le Sahara, il se nomme selon les lieux, « anaïa ou ghefara, » *pardon*.

Ces ressources régulières ne suffisent pas toujours aux besoins des Touareg, pas plus du reste que les faibles bénéfices d'une industrie, bornée aux préparations des poteries, des peaux et surtout des armes. La famine est l'ennemi qui les guette toutes les fois que d'autres ressources viennent à leur manquer. Ils recourent alors à toutes sortes de nourritures étranges : lézards, sauterelles pulvérisées, peaux d'animaux grillées et découpées en lanières, racines d'akoul réduites en farine, gousse d'acacia, et graines de coloquintes, horriblement amères.

Ce sont des épreuves qui n'abattent pas toujours l'âme du Targui. Dans ses voyages, n'a-t-il pas déjà souffert de la faim, ou de la soif! Il accomplit des courses de 8 à 10 jours, sans presque s'arrêter, n'ayant sur son chameau méhari qu'une outre d'eau et un sachet de dattes; il lui arrive parfois de s'égarer et de manquer d'eau et de nourriture. Quand l'estomac, malgré la ceinture fortement serrée, s'est révolté contre ce long jeûne, le Targui descend de sa monture. Piquant une veine du chameau à l'aide de son poignard, il aspire une gorgée de sang chaud et, la blessure cautérisée, il continue sa route.

*
* *

Il se fait au Sahara deux commerces très différents, le commerce de ravitaillement et le commerce de transit. Quand les dattes sont cueillies, de longs convois formés aux *Ksours* du Nord débouchent dans les plaines monotones et stériles qui forment le désert africain; des milliers de chameaux, divisés par petites bandes ou caravanes que poussent des hommes suivis parfois de toute leur famille, et escortés de cavaliers armés, s'enfoncent lentement dans l'immensité stérile : ce sont les tribus des steppes qui font leur voyage régulier aux oasis du sud et même jusqu'au Soudan.

Ils vont échanger au Gourara, au Tafilet, dans le Bornou même, de la graisse et de la laine achetées aux agriculteurs du Tell, et des articles d'Europe, des cotonnades, du sucre, de la quincaillerie, de la verroterie, du savon pris dans le Fezzan et en Tripolitaine.

Ils en rapportent des dattes, des peaux, des gommes, de l'ivoire, des plumes d'autruches et quelquefois de la poudre d'or.

Mais deux objections se présentent naturellement à l'esprit. D'abord ce commerce n'est pas sûr; ensuite, nous n'en profitons pas directement.

Depuis nos conquêtes algériennes et surtout tunisiennes, le commerce saharien-soudanais s'est en effet replié sur deux routes différentes. L'une aboutit à Mogador-Féz, l'autre à Benghazi-Tripoli. C'est-à-dire que le commerce du sud a déserté nos colonies pour le Maroc et pricipalement la Tripolitaine. Quant à la sûreté de commerce dont nous ne profitons point, elle nous préoccuperait moins actuellement si notre but n'était pas de ramener les Arabes aux anciens marchés et alors d'assurer à leurs marchandises devenues les nôtres, un voyage économique et exempt de ces aléas qui causent fréquemment la ruine de leurs intéressés.

Parmi les diverses raisons qui ont pu produire les changements d'itinéraires dont nous parlons, il en est une que nous ne signalerons qu'à titre de curiosité, mais sans aucun désir de la modifier. C'est l'esclavage. Avant notre campagne anti-esclavagiste, les caravanes avaient deux marchandises, l'une vivante, les esclaves — l'autre morte, les denrées et l'une servant à l'autre, les hommes à vendre portant les marchandises, les barbares marchands du désert obtenaient un double bénéfice.

Nous avons signalé le peu de sûreté des routes désertiques et par ce fait même, les risques que courent les caravanes dans leur voyage du sud à nos marchés. La cause de ces dangers, nous l'avons étudiée de près, ce sont les Touareg, qui, moyennant une contribution, un impôt, laissent traverser leurs territoires, mais qui, bien souvent aussi, razzient les caravanes et tuent chameaux et chameliers.

On a sans succès formé quelques projets pour la reconstitution du commerce saharien-soudanais, au profit de l'Algérie et de la Tunisie, entre autres, celui de marchés francs qui devaient attirer les caravanes. Sans dédaigner aucune de ces louables tentatives, nous en avons constaté l'insuccès.

Quant à détruire, comme l'ont laissé entendre quelques colonisateurs a outrance, les habitants naturels du désert, ce serait une faute énorme : les Touareg sont les seuls individus qui vivent an Sahara, les seuls qui y puissent vivre. Réduisons les donc par d'autres moyens que la mort et ne rendons pas plus stérile et inhabitée l'immensité des sables africains. Comment, nous dira-t-on alors, réaliser ce double but, la sûreté des routes désertiques et la francisation du commerce saharien-soudanais?

Le projet auquel nous en voulons venir n'est pas nouveau, il est plus d'un pays qui, dans notre situation l'eut déjà réalisé. Fait à l'époque où MM. Duponchel ou Rolland le proposaient, il nous aurait probablement depuis évité quelques hontes, Fachoda par exemple, et donné tout le centre de l'Afrique.

L'exécution du Transsaharien est-elle impossible? Non, on peut dire qu'au point de vue technique elle ne rencontrerait pas de difficultés insurmontables. Le pays est absolument plat, l'eau, sans être abondante n'est pas trop rare, puis l'on peut faire ce que l'on a déja fait ailleurs, des forages.

En agissant à la façon anglaise, c'est-à-dire en faisant précéder les constructeurs de troupes qu'il serait facile de ravitailler et d'aider contre les Touareg, on pourrait réduire ces nomades voleurs, qu'il est difficile de combattre à cause des grands espaces et des lieux inconnus qu'ils parcourent. Sentant s'échapper la protection ou le pillage des caravanes que nous aurions centralisés, les Touareg, si nous savions agir, deviendraient pour nous des auxiliaires.

Et quand nous en parlons, ce n'est pas à la légère, le projet à été étudié et appuyé de preuves, de motifs nombreux que le peu d'espace dont nous disposons ici, ne nous permet point de donner.

Oui, le Transsaharien s'impose, et que ce soit par le sud constantinois, le sud oranais ou le sud tunisien, quoique nous ayons des préférences personnelles, nous ne craignons pas de dire que le meilleur transsaharien sera celui qu'on *se décidera* à faire au *plus tôt*. Car le temps presse, et demain, il sera trop tard. Les Américains nous ont donné l'exemple par les transcontinentaux, les Russes par le transcaspien et le transsibérien, les Anglais achèveront plus tôt qu'on ne croit le transafricain, et la prédiction que l'on nous faisait, il y a quelques années, s'accomplira bientôt: Une autre nation que la France aura la gloire et le bénéfice d'une pareille entreprise.

TROUBAD L'APICULTEUR.

LE GUIDE

www.ingramcontent.com/pod-product-compliance
Ingram Content Group UK Ltd.
Pitfield, Milton Keynes, MK11 3LW, UK
UKHW020404250726
13967UKWH00005B/2461